Vincent

con amor

Vincent

con amor

BRENDA V. NORTHEAST

SerreS

A la memoria de un genial pintor
y una maravillosa persona: Vincent Van Gogh.

Y mi agradecimiento a aquellas personas que me apoyaron, creyeron
en mí e hicieron que el esfuerzo fuera algo hermoso: Caroline y Michael,
mi madre, mi marido y mi familia, Carol R., y, por supuesto, Lisa.

Gracias a Ken Wilkie y a Louis von Tilburg,
conservador del fondo del Museo Van Gogh de Amsterdam,
por su amable ayuda y confianza.

Título original:
For the love of Vincent

Traducción: Miguel Ángel Mendo

Texto e ilustraciones © 1995, Brenda V. Northeast
© Hodder Children's Books, Australia

Derechos en lengua castellana para todo el Mundo:
© 2000, Ediciones Serres, S.L.
Muntaner, 391 - 08021 Barcelona

Primera edición, 2000
Segunda edición, 2001

ISBN: 84-95040-48-4

Fotocomposición: Editor Service, S.L., Barcelona
Impreso en Kosmos, Barcelona
D.L.: B-4.883-2000

Érase una vez un osito que nació en una

ciudad de Holanda llamada Groot Zundert.

Se llamaba Vincent van Oso.

El destino de Vincent era ser pintor.

Ansiaba pintar

árboles y montañas,

Vincent Bear © BVN 93

cielo, nubes y

brillantes girasoles, amarillos como el sol.

Vincent amaba el color amarillo.

Vincent, un día, dejó su país de
molinos de viento y de tulipanes y
partió hacia el sur. Las gaviotas
graznaban a lo lejos.

Vincent marchó a Francia y, caminando,

caminando...

... llegó a una ciudad

llamada Arlés.

Necesitaba un sitio donde vivir y encontró una casa... ¡amarilla!

Vincent arregló el dormitorio de su nueva casa
con los muebles que más le gustaban y pintó las
paredes de un azul cielo hermosísimo.

Su habitación era un lugar muy apacible.

Vincent se sentía muy bien en Arlés e hizo
muchos amigos, entre ellos el cartero,
Joseph Roulin.

Vincent se levantaba temprano cada mañana

y pasaba el día entero en el campo, pintando.

Un día que estaba cerca de un huerto, le preguntó
al granjero, que era amigo suyo, si podía coger
algunas flores.

—Claro que sí —le respondió éste.

Vincent cogió unas cuantas flores de
una rama de manzano.

Las llevó a su estudio

y las pintó.

Llegó el verano. Hacía calor, pero Vincent

no dejaba de pintar.

Vincent Bear © B.V.N 93.

A veces, la mujer del granjero le pedía que
se quedase a comer con ellos.

Después de la comida, Vincent solía echarse
una siesta.

A veces estaba tan cansado de haber pintado

con tanto ardor que se quedaba dormido hasta

muy tarde.

De vuelta a casa se cruzaba con el granjero,

que le decía:

—Buenas noches, Vincent. Hasta mañana.

Había días que Vincent volvía caminando a Arlés.

Las puestas de sol eran impresionantes. Parecía

que los colores bailaban entre la hojas de los

árboles, temblando como las llamas de una

hoguera. Vincent sabía captar con sus pinceles

toda la belleza de los atardeceres.

Vincent regresaba a casa ya de noche.

Al llegar a la ciudad se quedaba a tomar algo en su café

preferido. Le gustaba pintar este tipo de escenas.

Le encantaba mirar la noche desde la ventana de su

habitación.

Y, ya desde la cama, echaba una última mirada al cielo estrellado antes de quedarse dormido.